Impressum
Verlag: BABADADA GmbH, Nedderfeld 112 , 22529 Hamburg
Geschäftsführer / Verlagsleitung: Harald Hof
Druck: Books on Demand GmbH, In de Tarpen 42, 22848 Norderstedt

Imprint
Publisher: BABADADA GmbH, Nedderfeld 112 , 22529 Hamburg, Germany
Managing Director / Publishing direction: Harald Hof
Print: Books on Demand GmbH, In de Tarpen 42, 22848 Norderstedt

skóli
koulu

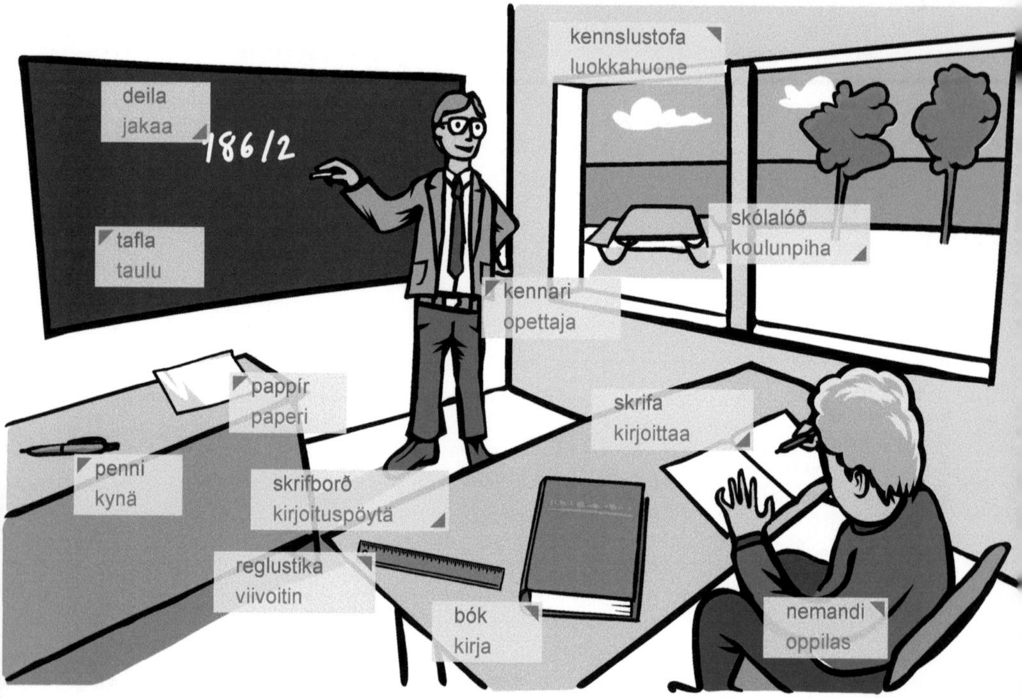
kennslustofa
luokkahuone
deila
jakaa
186/2
tafla
taulu
skólalóð
koulunpiha
kennari
opettaja
pappír
paperi
skrifa
kirjoittaa
penni
kynä
skrifborð
kirjoituspöytä
reglustika
viivoitin
bók
kirja
nemandi
oppilas

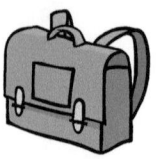

skólataska

reppu

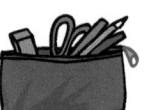

pennaveski

penaali

blýantur

lyijykynä

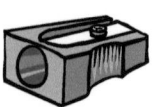

yddari

kynänteroitin

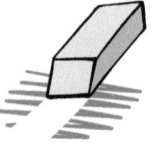

strokleður

pyyhekumi

teikniblað

piirustuslehtiö

teikning
piirustus

pensill
pensseli

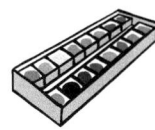

litakassi
vesivärit

skæri
sakset

lím
liima

æfingabók
harjoituskirja

heimavinna
kotitehtävä

númer
luku

2+2

leggja saman
lisätä

5-2

draga frá
vähentää

margfalda
kertoa

reikna
laskea

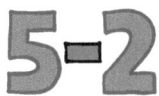

bréf
kirjain

stafróf
aakkoset

orð
sana

texti

teksti

lesa

lukea

krít

liitu

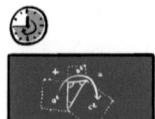

kennslustund

oppitunti

kladdi

opettajan muistikirja

próf

koe

vottorð

todistus

skólabúningur

koulupuku

menntun

koulutus

alfræðirit

sanakirja

háskóli

yliopisto

smásjá

mikroskooppi

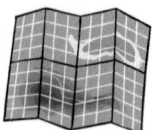

kort

kartta

ruslakarfa

roskakori

4

ferðalög
matka

hótel
hotelli
Grand
farfuglaheimili
retkeilymaja
ROOMS
gjaldeyrisskipti
rahanvaihto
EXCHANGE
ferðataska
matkalaukku
bíll
auto

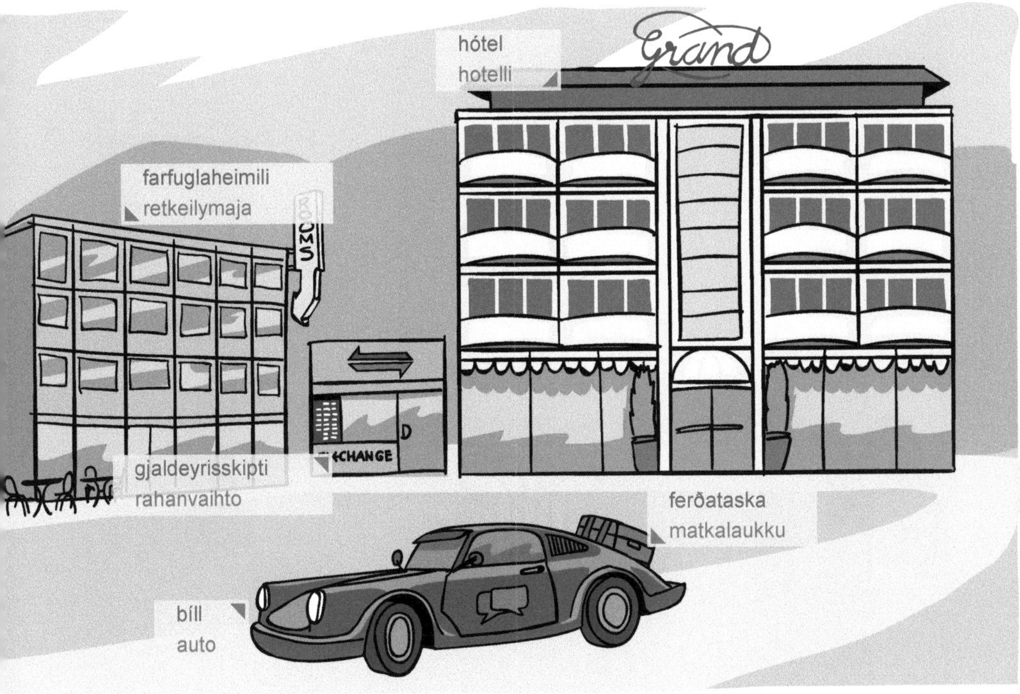

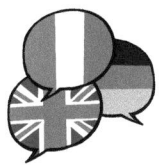

tungumál

kieli

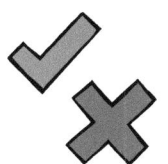

já / nei

kyllä / ei

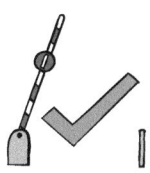

allt í lagi

selvä

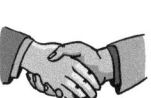

halló

hei

þýðandi

tulkki

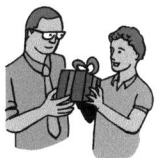

takk fyrir

kiitos

hvað kostar...?

Paljonko...maksaa?

Ég skil ekki

en ymmärrä

vandamál

ongelma

Gott kvöld!

Hyvää iltaa!

Góðan dag!

Hyvää huomenta!

Góða nótt!

Hyvää yötä!

bless bless

näkemiin

átt

suunta

farangur

matkatavarat

taska

laukku

bakpoki

reppu

gestur

vieras

herbergi

huone

svefnpoki

makuupussi

tjald

teltta

upplýsingamiðstöð

turisti-info

strönd

ranta

kreditkort

luottokortti

morgunverður

aamupala

hádegisverður

lounas

kvöldmatur

päivällinen

farmiði

matkalippu

lyfta

hissi

frímerki

postimerkki

landamæri

raja

tollur

tulli

sendiráð

suurlähetystö

vegabréfsáritun

viisumi

vegabréf

passi

samgöngur
kuljetus

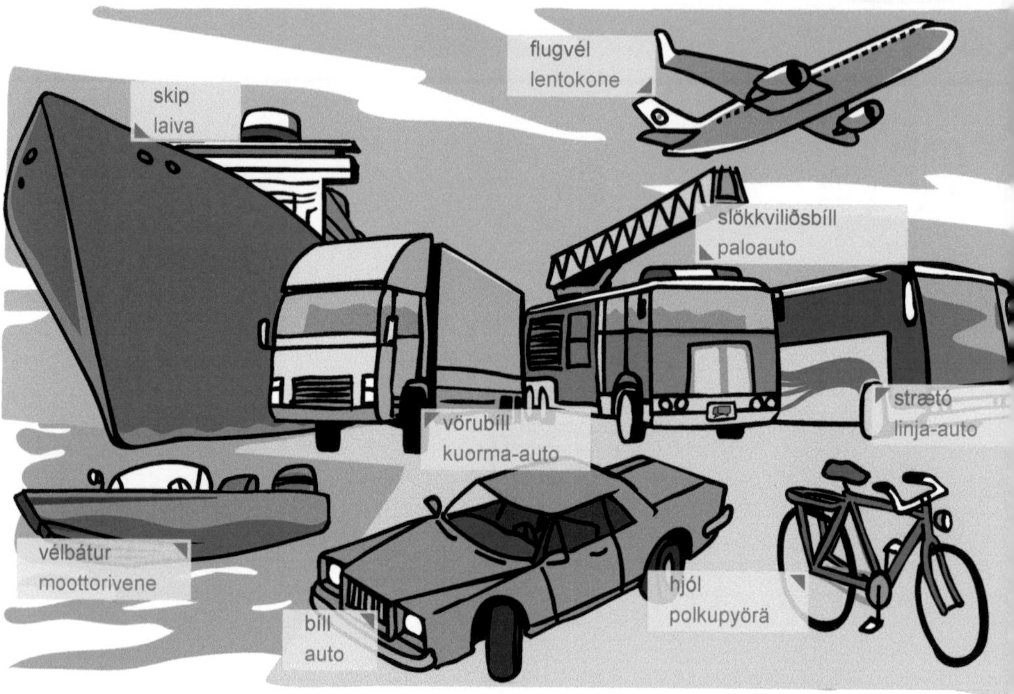
skip
laiva
flugvél
lentokone
slökkviliðsbíll
paloauto
strætó
linja-auto
vörubíll
kuorma-auto
vélbátur
moottorivene
bíll
auto
hjól
polkupyörä

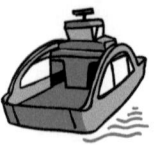

ferja

lautta

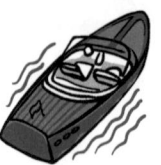

bátur

vene

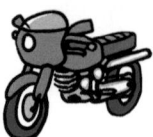

mótorhjól

moottoripyörä

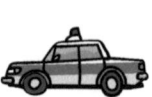

lögreglubíll

poliisiauto

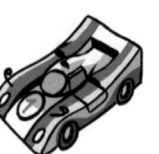

kappakstursbíll

kilpa-auto

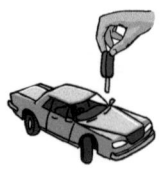

bílaleigubíll

vuokra-auto

bílasamneyti

car sharing

dráttarbíll

hinausauto

öskubíll

roska-auto

vél

moottori

eldsneyti

polttoaine

bensínstöð

huoltoasema

umferðarskilti

liikennemerkki

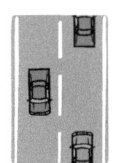

umferð

liikenne

umferðarteppa

ruuhka

bílastæði

parkkipaikka

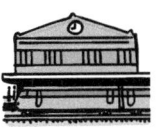

lestarstöð

rautatieasema

járnbrautarteinar

raiteet

lest

juna

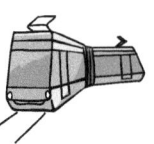

sporvagn

raitiovaunu

vagn

vaunu

þyrla

helikopteri

flugvöllur

lentokenttä

turn

lähilennonjohto

farþegi

matkustaja

gámur

kontti

pappakassi

pahvilaatikko

kerra

kärryt

karfa

kori

takast á loft / lenda

nousta / laskea

borg

kaupunki

þorp

kylä

miðbær

keskusta

hús

talo

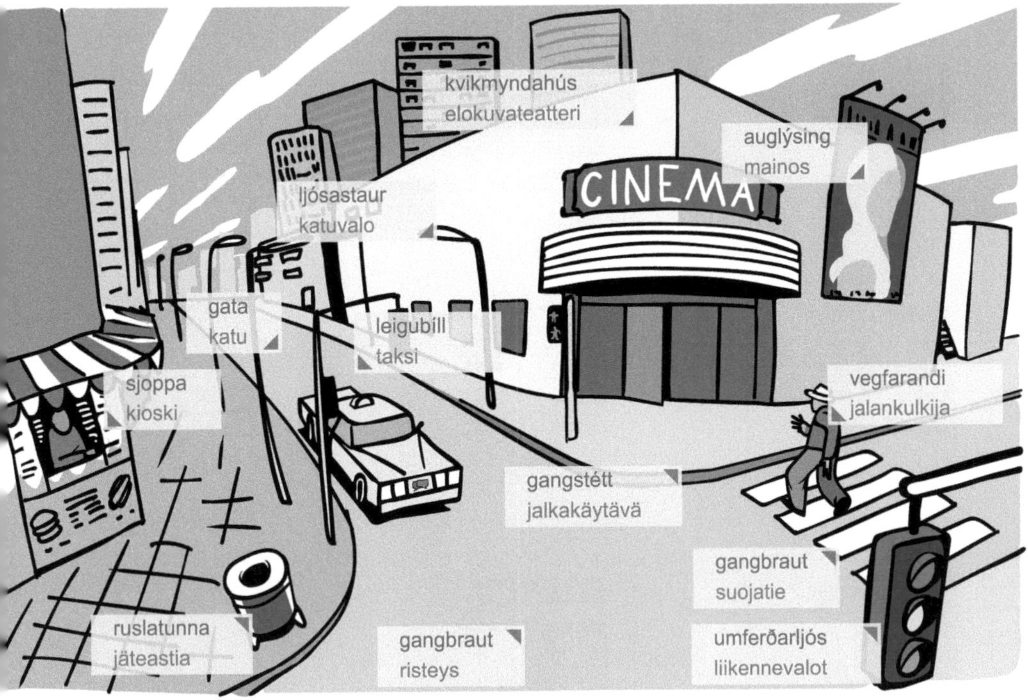

kvikmyndahús
elokuvateatteri

auglýsing
mainos

ljósastaur
katuvalo

gata
katu

leigubíll
taksi

sjoppa
kioski

vegfarandi
jalankulkija

gangstétt
jalkakäytävä

gangbraut
suojatie

ruslatunna
jäteastia

gangbraut
risteys

umferðarljós
liikennevalot

skáli
....
mökki

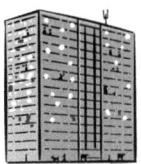

íbúð
....
kerrostalo

lestarstöð
....
rautatieasema

ráðhús
....
kaupungintalo

safn
....
museo

skóli
....
koulu

háskóli
yliopisto

banki
pankki

sjúkrahús
sairaala

hótel
hotelli

apótek
apteekki

skrifstofa
toimisto

bókabúð
kirjakauppa

búð
liike

blómabúð
kukkakauppa

kjörbúð
supermarketti

markaður
tori

stórmarkaður
tavaratalo

fiskbúð
kalakauppias

verslunarmiðstöð
ostoskeskus

höfn
satama

almenningsgarður

puisto

bekkur

penkki

brú

silta

stigi

portaat

neðanjarðarlest

metro

göng

tunneli

biðstöð

linja-autopysäkki

bar

baari

veitingastaður

ravintola

póstkassi

postilaatikko

götuskilti

katukyltti

stöðumælir

parkkimittari

dýragarður

eläintarha

sundlaug

uimala

moska

moskeija

bær
maatila

mengun
ympäristön saastuminen

kirkjugarður
hautausmaa

kirkja
kirkko

leiksvæði
leikkikenttä

musteri
temppeli

landslag
maisema

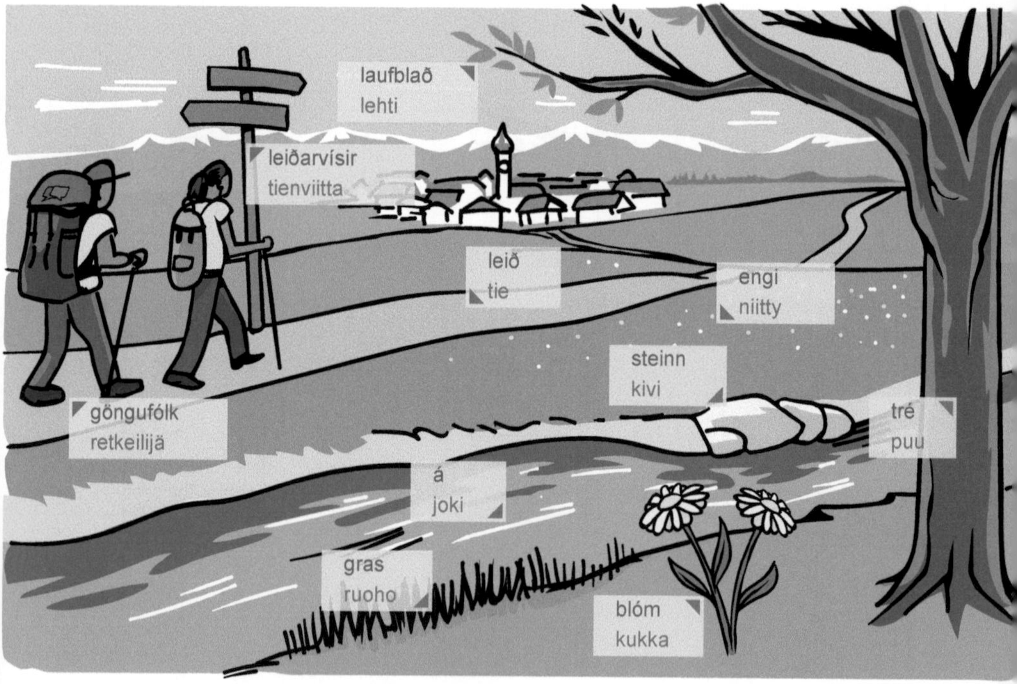

laufblað
lehti

leiðarvísir
tienviitta

leið
tie

engi
niitty

steinn
kivi

tré
puu

göngufólk
retkeilijä

á
joki

gras
ruoho

blóm
kukka

dalur
....
laakso

hæð
....
vuori

stöðuvatn
....
järvi

skógur
....
metsä

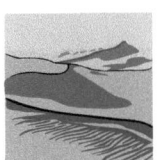

eyðimörk
....
aavikko

eldfjall
....
tulivuori

kastali
....
linna

regnbogi
....
sateenkaari

sveppur
....
sieni

pálmatré
....
palmu

moskítófluga
....
hyttynen

fluga
....
kärpänen

maur
....
muurahainen

býfluga
....
mehiläinen

kónguló
....
hämähäkki

bjalla

kovakuoriainen

froskur

sammakko

íkorni

orava

broddgöltur

siili

héri

jänis

ugla

pöllö

fugl

lintu

svanur

joutsen

villisvín

villisika

dádýr

peura

elgur

hirvi

stífla

pato

vindmylla

tuulimylly

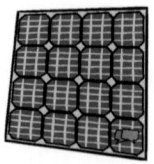

sólarrafhlaða

aurinkopaneeli

loftslag

ilmasto

veitingastaður

ravintola

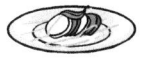

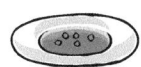

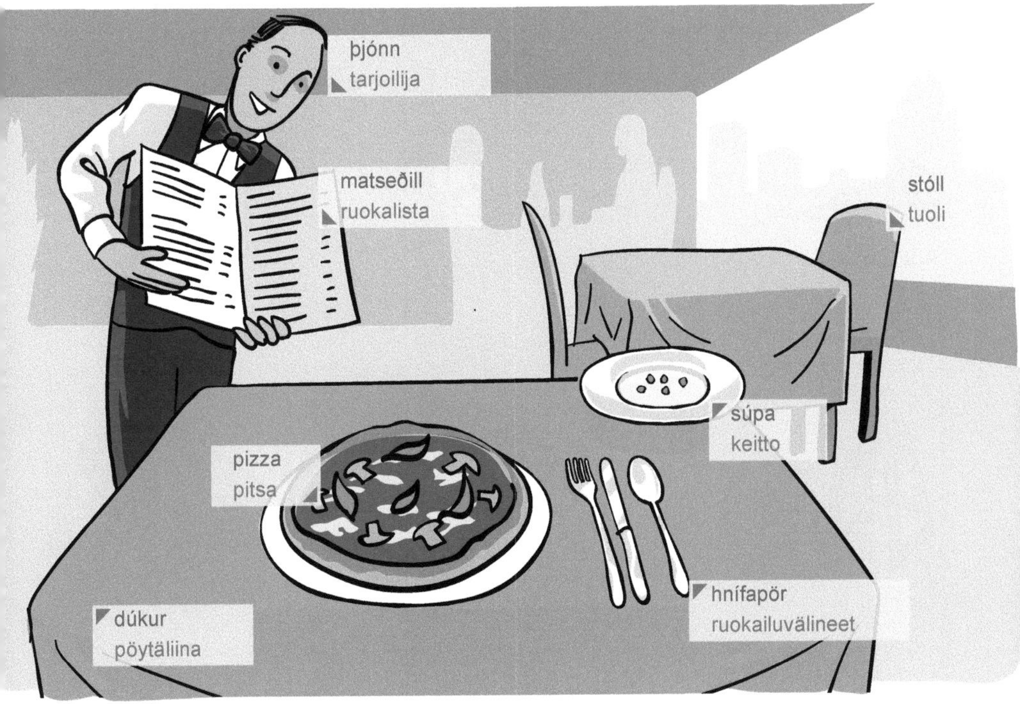

þjónn
tarjoilija
matseðill
ruokalista
stóll
tuoli
súpa
keitto
pizza
pitsa
hnífapör
ruokailuvälineet
dúkur
pöytäliina

forréttur

alkuruoka

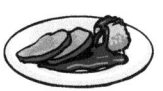

aðalréttur

pääruoka

eftirréttur

jälkiruoka

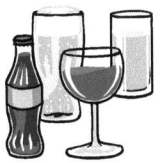

drykkir

juomat

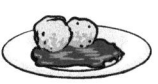

matur

ruoka

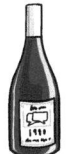

flaska

pullo

skyndibiti

pikaruoka

götumatur

katuruoka

teketill

teekannu

sykurskál

sokeriastia

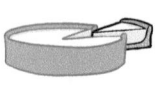

skammtur

annos

espressovél

espressokeitin

barnastóll

syöttötuoli

reikningur

lasku

bakki

tarjotin

hnífur

veitsi

gaffall

haarukka

skeið

lusikka

teskeið

teelusikka

servíetta

servietti

glas

lasi

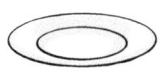

diskur
lautanen

súpudiskur
syvä lautanen

undirskál
aluslautanen

sósa
kastike

saltstaukur
suolasirotin

piparkvörn
pippurimylly

edik
etikka

olía
öljy

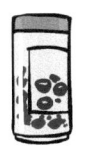

krydd
mausteet

tómatsósa
ketsuppi

sinnep
sinappi

majónes
majoneesi

kjörbúð

supermarketti

tilboð
tarjous
FOR
viðskiptavinur
asiakas
mjólkurvörur
maitotuotteet
ávöxtur
hedelmät
búðarkerra
ostoskärryt

BUTCHERS

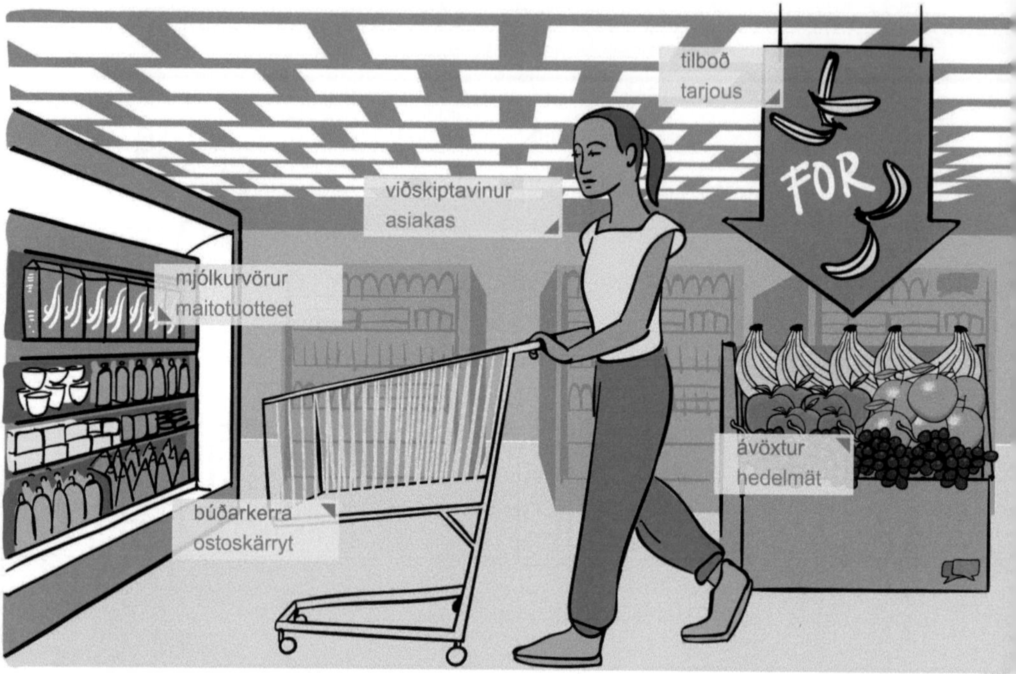

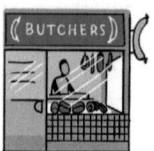

slátrari

teurastamo

BAKERY

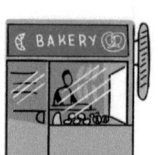

bakarí

leipomo

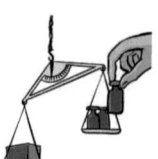

vega

punnita

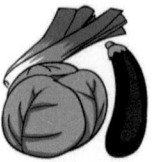

grænmeti

kasvikset

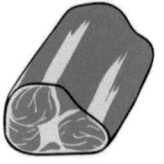

kjöt

liha

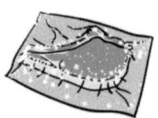

frosinn matur

pakasteet

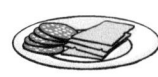

kjötálegg

leikkele

niðursoðinn matur

säilykkeet

þvottaefni

pesujauhe

sælgæti

makeiset

vörur til heimilisnota

kotitaloustarvikkeet

hreinsiefni

puhdistusaineet

afgreiðslukona

myyjä

afgreiðslukassi

kassa

gjaldkeri

kassanhoitaja

innkaupalisti

ostoslista

opnunartímar

aukioloajat

veski

lompakko

kreditkort

luottokortti

poki

kassi

plastpoki

muovipussi

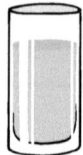

vatn

vesi

safi

mehu

mjólk

maito

kók

kokis

vín

viini

bjór

olut

áfengi

alkoholi

kakó

kaakao

te

tee

kaffi

kahvi

espresso

espresso

kaffi

cappuccino

banani

banaani

epli

omena

appelsínugulur

appelsiini

melóna

meloni

sítróna

sitruuna

gulrót

porkkana

hvítlaukur

valkosipuli

bambus

bambu

laukur

sipuli

sveppir

sieni

hnetur

pähkinät

núðlur

spagetti

spagettí

spagetti

hrísgrjón

riisi

salat

salaatti

franskar kartöflur

ranskalaiset

steiktar kartöflur

paistetut perunat

pizza

pitsa

hamborgari

hampurilainen

samloka

voileipä

snitsel

leike

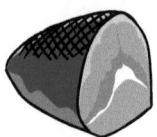

skinka

kinkku

salami

salami

pylsa

makkara

kjúklingur

kana

steik

paisti

fiskur

kala

haframjöl
kaurahiutaleet

músli
mysli

kornflögur
murot

hveiti
jauho

franskt horn
voisarvi

smábrauð
sämpylä

brauð
leipä

ristað brauð
paahtoleipä

kex
keksit

smjör
voi

ystingur
rahka

kaka
kakku

egg
kananmuna

spælt egg
paistettu kananmuna

ostur
juusto

ís
jäätelö

sykur
sokeri

hunang
hunaja

sulta
hillo

súkkulaðiálegg
suklaapähkinälevite

karrý
curry

bær
maatila

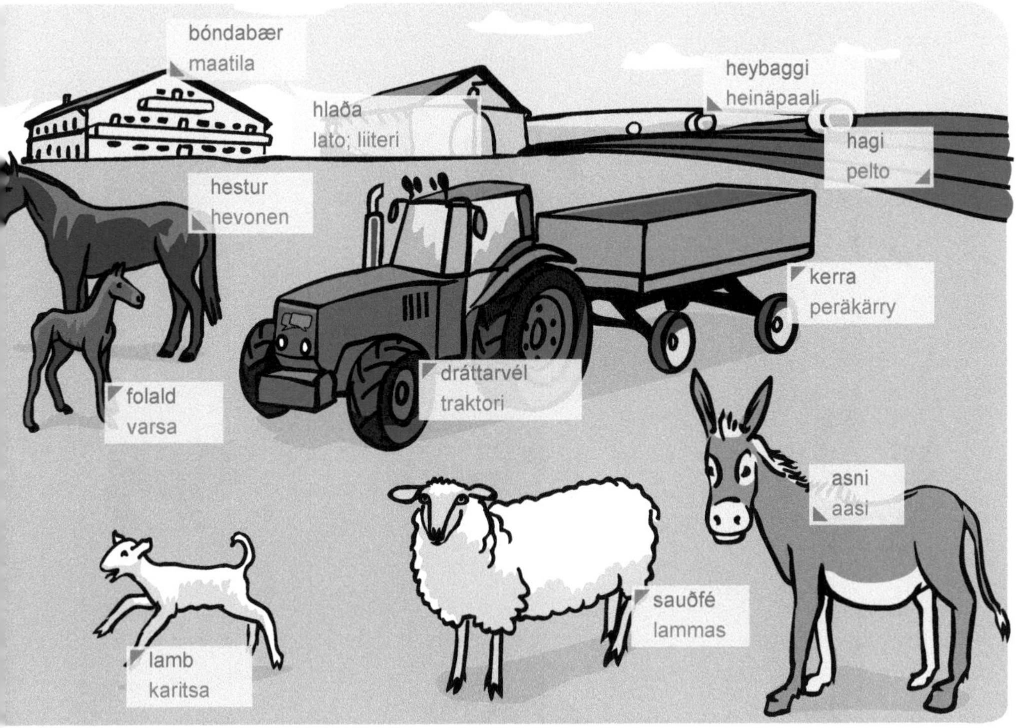
bóndabær
maatila
hlaða
lato; liiteri
heybaggi
heinäpaali
hagi
pelto
hestur
hevonen
kerra
peräkärry
folald
varsa
dráttarvél
traktori
asni
aasi
sauðfé
lammas
lamb
karitsa

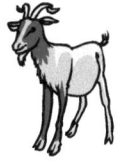

geit
vuohi

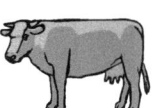

kýr
lehmä

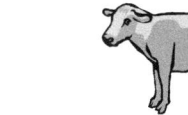

kálfur
vasikka

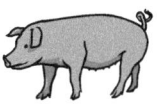

svín
sika

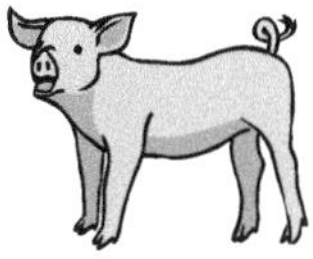
grís
porsas

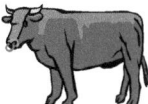

naut
sonni

gæs
hanhi

önd
ankka

ungi
tipu

hæna
kana

hani
kukko

rotta
rotta

köttur
kissa

mús
hiiri

uxi
härkä

hundur
koira

hundakofi
koirankoppi

garðslanga
puutarhaletku

garðkanna
kastelukannu

ljár
viikate

plógur
aura

sigð
sirppi

hlújárn
kuokka

heygaffall
talikko

öxi
kirves

hjólbörur
kottikärryt

trog
kaukalo

mjólkurfata
maitokannu

poki
säkki

girðing
aita

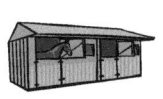

gripahús
talli

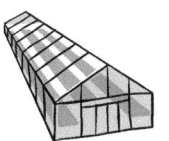

gróðurhús
kasvihuone

jarðvegur
maa

fræ
siemen

áburður
lannoite

kornskurðarvél
leikkuupuimuri

uppskera

kerätä sato

uppskera

sato

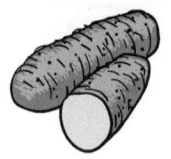

kínverskar kartöflur

jamssit

hveiti

vehnä

soja

soija

kartafla

peruna

maís

maissi

repja

rypsi

ávaxtatré

hedelmäpuu

maníókarót

maniokki

korn

vilja

hús
talo

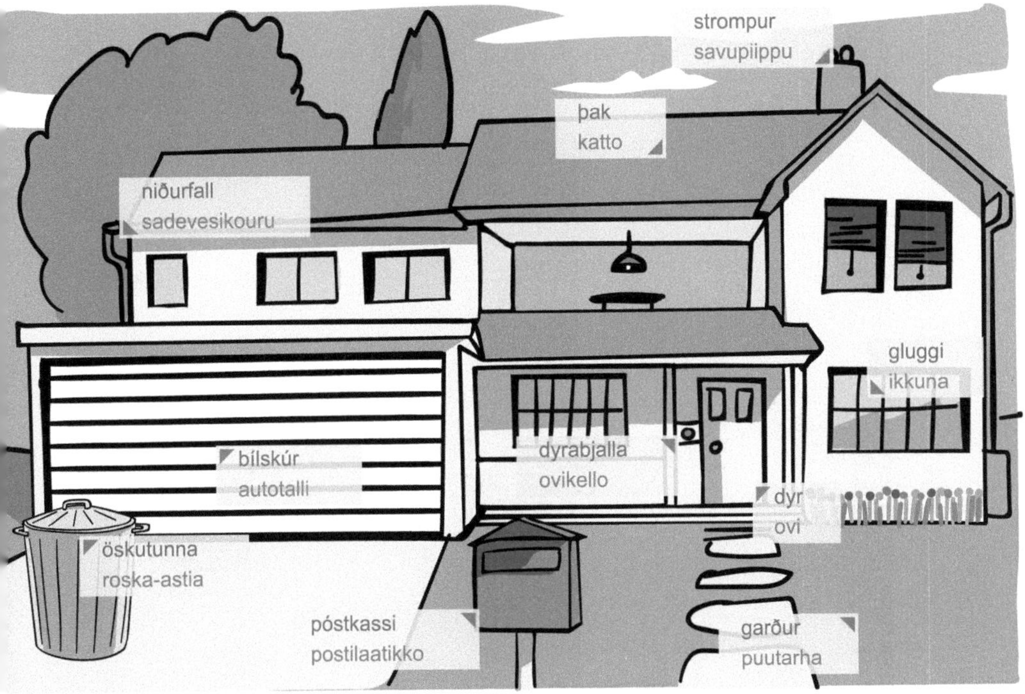

strompur
savupiippu
þak
katto
niðurfall
sadevesikouru
gluggi
ikkuna
bílskúr
autotalli
dyrabjalla
ovikello
dyr
ovi
öskutunna
roska-astia
póstkassi
postilaatikko
garður
puutarha

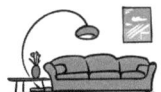

stofa

olohuone

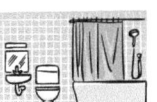

baðherbergi

kylpyhuone

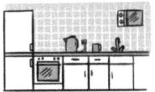

eldhús

keittiö

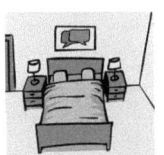

svefnherbergi

makuuhuone

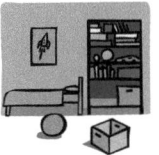

barnaherbergi

lastenhuone

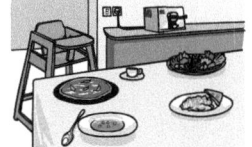

borðstofa

ruokahuone

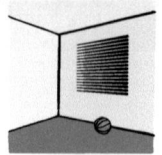

gólf
lattia

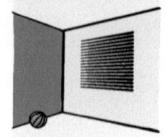

veggur
seinä

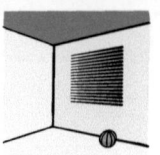

loft
katto

kjallari
kellari

gufubað
sauna

svalir
parveke

verönd
terassi

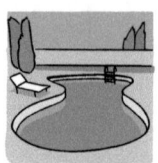

sundlaug
uima-allas

sláttuvél
ruohonleikkuri

lak
lakana

rúmteppi
päiväpeitto

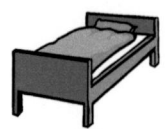

rúm
sänky

kústur
harja

fata
ämpäri

rofi
katkaisin

stofa
olohuone

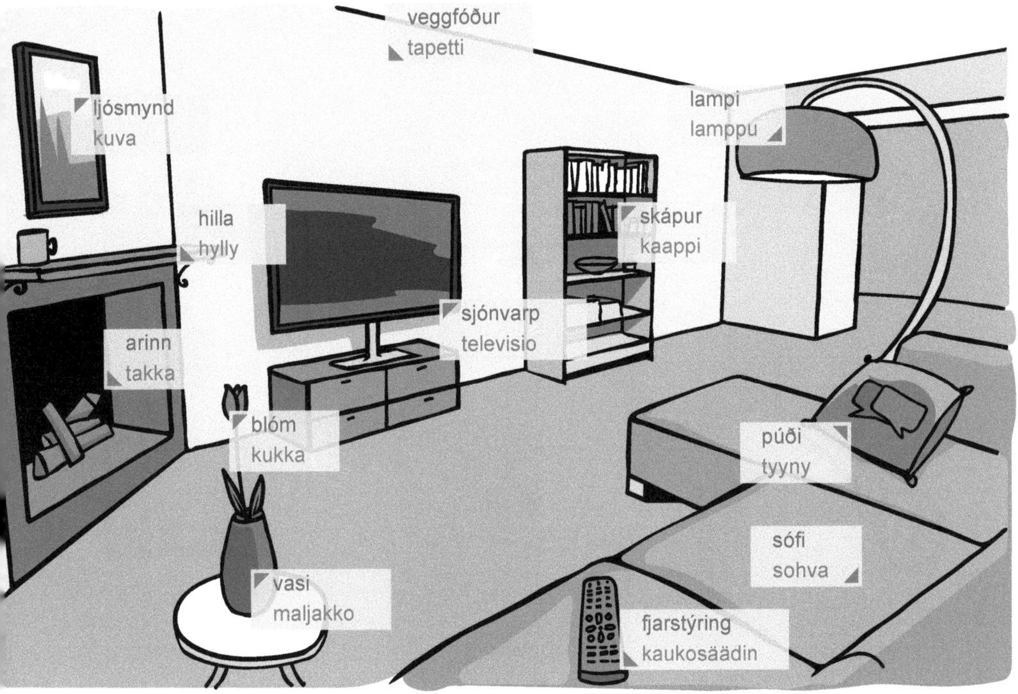

veggfóður
tapetti
ljósmynd
kuva
lampi
lamppu
hilla
hylly
skápur
kaappi
sjónvarp
televisio
arinn
takka
blóm
kukka
púði
tyyny
sófi
sohva
vasi
maljakko
fjarstýring
kaukosäädin

teppi

matto

gardínur

verho

borð

pöytä

stóll

tuoli

ruggustóll

keinutuoli

hægindastóll

nojatuoli

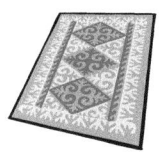

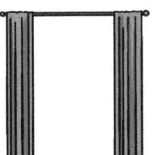

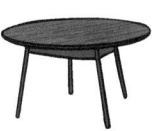

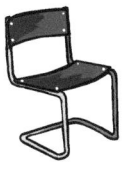

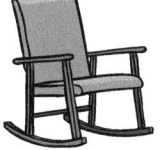

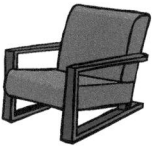

bók

kirja

sæng

peitto

skraut

koriste

eldiviður

polttopuut

mynd

elokuva

hljómflutningstæki

stereot

lykill

avain

dagblað

sanomalehti

málverk

maalaus

veggspjald

juliste

útvarp

radio

minnisbók

muistivihko

ryksuga

pölynimuri

kaktus

kaktus

kerti

kynttilä

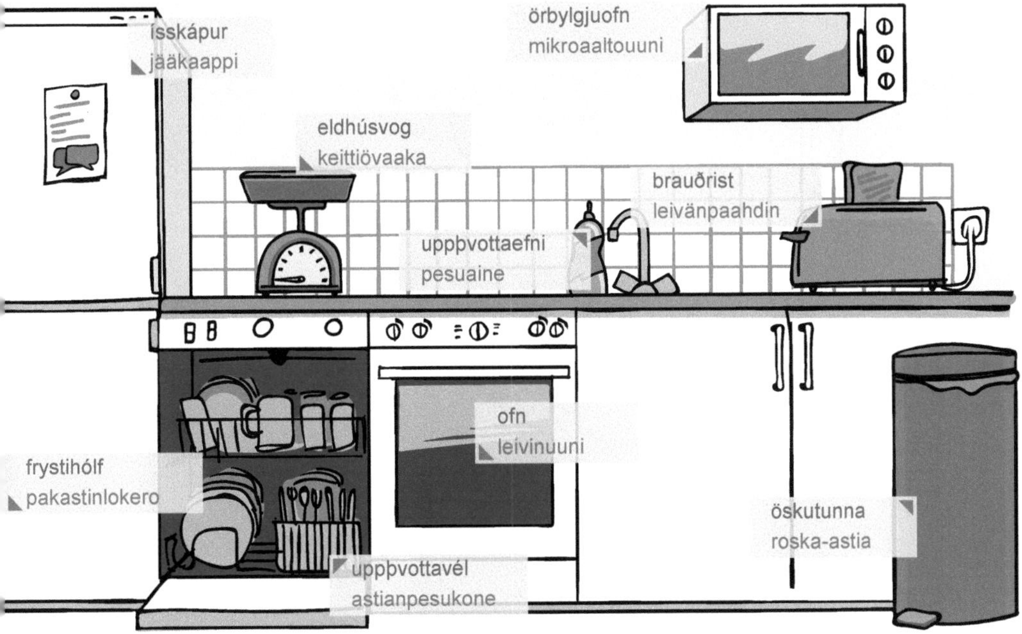

örbylgjuofn
mikroaaltouuni

ísskápur
jääkaappi

eldhúsvog
keittiövaaka

brauðrist
leivänpaahdin

uppþvottaefni
pesuaine

frystihólf
pakastinlokero

ofn
leivinuuni

öskutunna
roska-astia

uppþvottavél
astianpesukone

eldavél
liesi

pottur
kattila

steypujárnspottur
rautapata

wok/kadai
vokkipannu / kadai-pannu

panna
paistinpannu

ketill
teepannu

gufukarfa

höyrykeitin

ofnform

uunipelti

leirtau

astiat

mál

muki

skál

kulho

prjónar

syömäpuikot

ausa

kauha

spaði

paistinlasta

pískur

vispilä

sigti

siivilä

málmsigti

siivilä

rifjárn

raastin

mortél

mortteli

grill

grilli

opinn eldur

avotuli

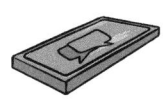

skurðarbretti

leikkuulauta

kökukefli

kaulin

tappatogari

korkinavaaja

dós

purkki

dósaopnari

purkinavaaja

pottaleppur

pannulappu

vaskur

lavuaari

bursti

tiskiharja

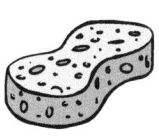

svampur

pesusieni

blandari

tehosekoitin

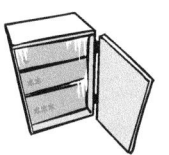

frystir

pakastin

peli

tuttipullo

blöndunartæki

vesihana

baðherbergi
kylpyhuone

upphitun
lämmitys
handklæði
pyyhe
sturta
suihku
sturtuhengi
suihkuverho
froðubað
vaahtokylpy
baðkar
kylpyamme
glas
lasi
þvottavél
pesukone
blöndunartæki
vesihana
flísar
kaakelit
barnakoppur
potta
vaskur
lavuaari

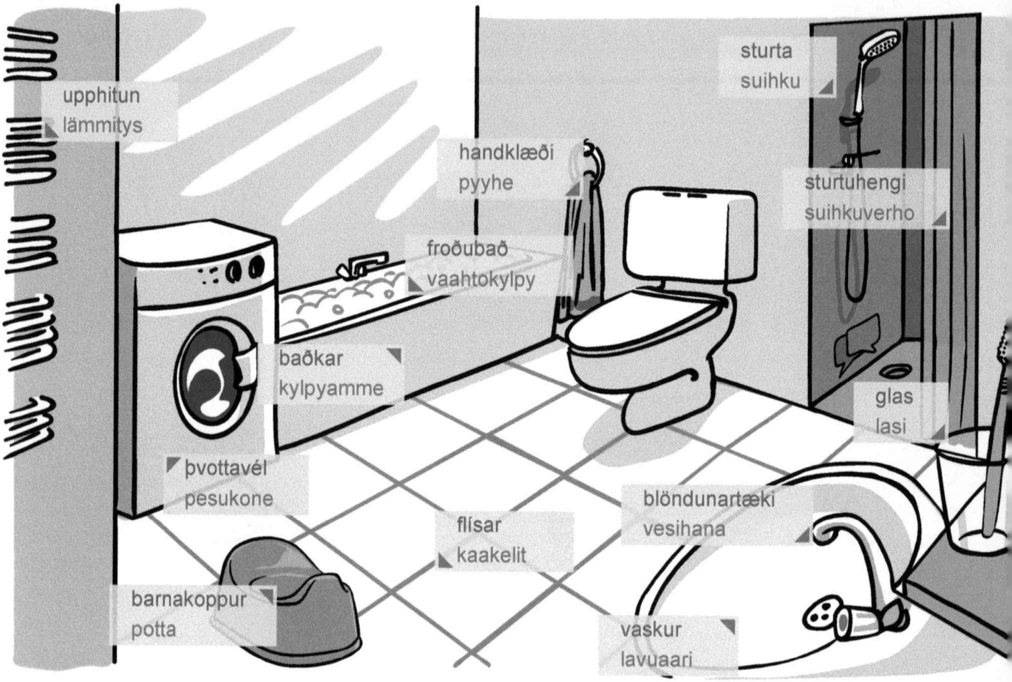

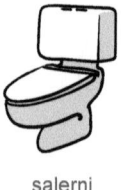

salerni
vessa

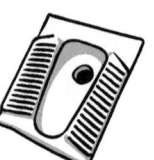

salerni án setu
kyykkyvessa

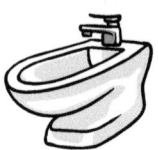

skolskál
bidee

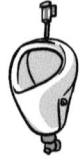

þvagskál
pisuaari

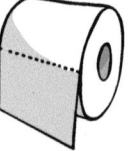

salernispappír
vessapaperi

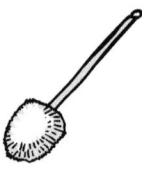

salernisbursti
vessaharja

tannbursti

hammasharja

tannkrem

hammastahna

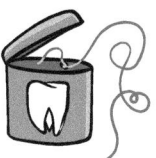

tannþráður

hammaslanka

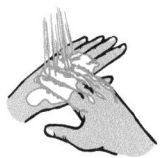

þvo

pestä

handsturta

käsisuihku

salernissturta

intiimisuihku

vaskur

pesuvati

bakbursti

selkäharja

sápa

saippua

sturtugel

suihkugeeli

sjampó

shampoo

flannel

pesulappu

niðurfall

viemäri

krem

voide

svitalyktareyðir

deodorantti

baðherbergi - kylpyhuone

spegill
peili

handspegill
käsipeili

rakskafa
partaveitsi

raksápa
partavaahto

rakspíri
partavesi

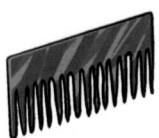

greiða
kampa

bursti
harja

hárþurrka
hiustenkuivaaja

hársprey
hiuslakka

farði
meikki

varalitur
huulipuna

naglalakk
kynsilakka

bómull
pumpuli

naglaklippur
kynsisakset

ilmvatn
hajuvesi

þvottapoki

kosmetiikkalaukku

kollur

jakkara

vog

vaaka

sloppur

kylpytakki

gúmmíhanskar

kumihansikkaat

tíðatappi

tamponi

dömubindi

terveysside

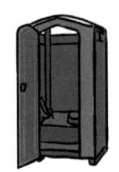

efnasalerni

kemiallinen wc

barnaherbergi
lastenhuone

vekjaraklukka
herätyskello
mjúkt leikfang
pehmolelu
leikfangabíll
leikkiauto
hrista
helistin
dúkkuhús
nukkekoti
gjöf
lahja

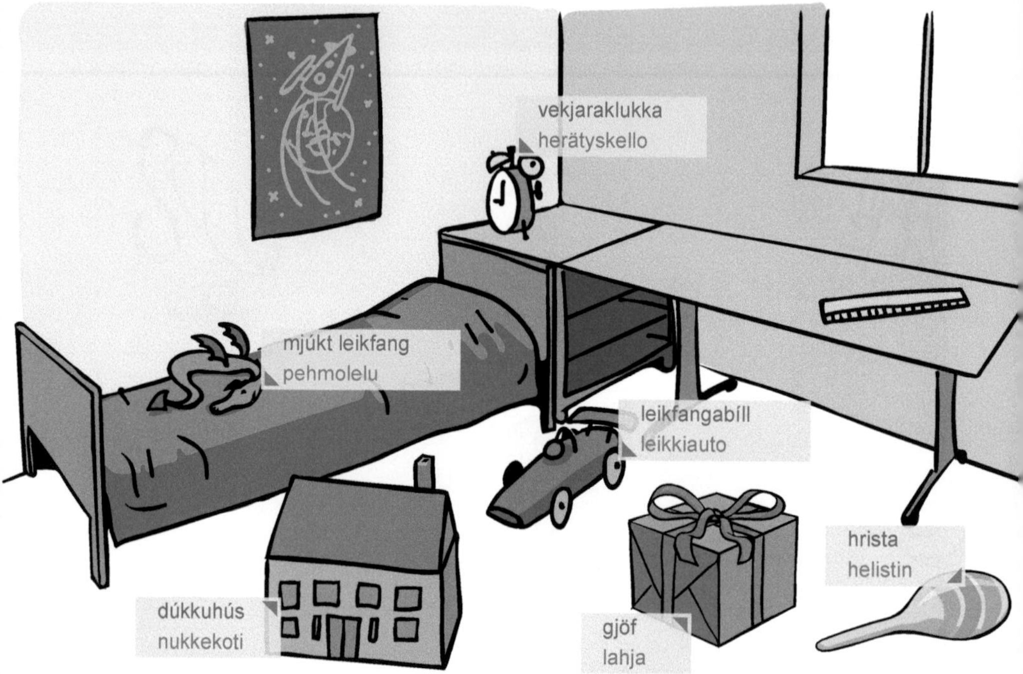

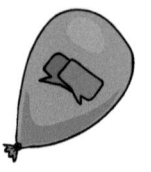

blaðra

ilmapallo

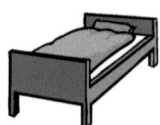

rúm

sänky

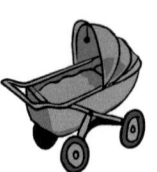

barnavagn

lastenvaunut

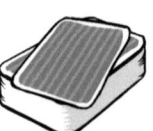

spilastokkur

korttipeli

púsluspil

palapeli

SUPER MEGA

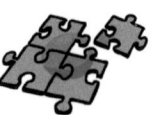

myndasaga

sarjakuva

legókubbar

legopalikat

leikfangakubbar

rakennuspalikat

leikfangakall

supersankari

samfestingur

potkupuku

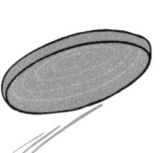

Frisbídiskur

frisbee

órói

mobile

spilaborð

lautapeli

teningar

noppa

lestarlíkan

pienoisjunarata

snuð

tutti

veisla

juhlat

myndabók

kuvakirja

bolti

pallo

brúða

nukke

spila

leikkiä

sandkassi

hiekkalaatikko

sveifla

keinu

leikföng

lelut

leikjatölva

pelikonsoli

þríhjól

kolmipyörä

bangsi

nalle

fataskápur

vaatekaappi

föt

vaatteet

sokkar

sukat

kvensokkabuxur

nylonsukat

sokkabuxur

sukkahousut

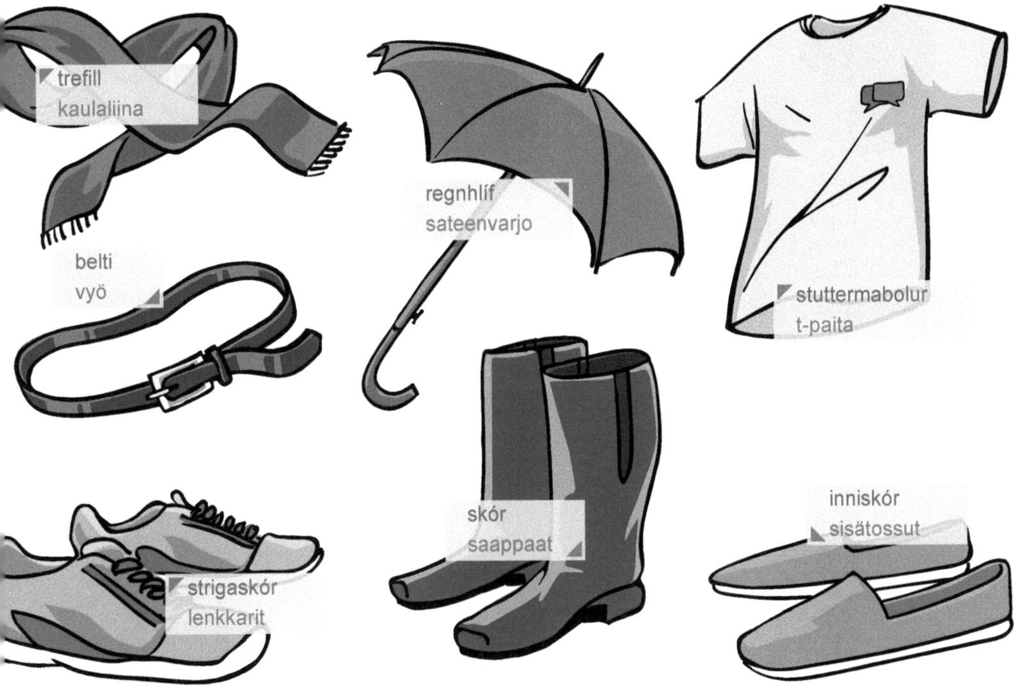

trefill
kaulaliina

belti
vyö

regnhlíf
sateenvarjo

stuttermabolur
t-paita

strigaskór
lenkkarit

skór
saappaat

inniskór
sisätossut

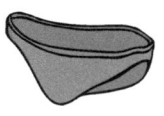	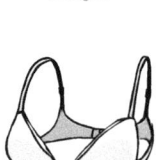	
sandalar	skór	gúmmístígvél
sandaalit	kengät	kumisaappaat

nærbuxur	brjóstahaldari	vesti
alushousut	rintaliivit	aluspaita

samfella
body

buxur
housut

gallabuxur
farkut

pils
hame

blússa
pusero

skyrta
paita

peysa
villapaita

hettupeysa
collegepaita

jakki
jakku

jakki
takki

frakki
takki

regnfrakki
sadetakki

dragt
puku

kjóll
mekko

brúðarkjóll
hääpuku

jakkaföt
puku

náttkjóll
yöpaita

náttföt
pyjama

Sari
shari

höfuðslæða
päähuivi

túrban
turbaani

búrka
burka

kaftan
kaftaani

abaya
abaya

sundföt
uimapuku

sundbuxur
uimahousut

stuttbuxur
shortsit

íþróttagalli
verkkarit

svunta
esiliina

hanskar
käsineet

hnappur

nappi

gleraugu

silmälasit

armband

rannekoru

hálsmen

kaulakoru

hringur

sormus

eyrnalokkur

korvakoru

húfa

lippalakki

herðatré

ripustin

hattur

hattu

bindi

solmio

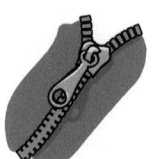

rennilás

vetoketju

hjálmur

kypärä

axlabönd

henkselit

skólabúningur

koulupuku

einkennisbúningur

univormu

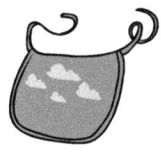

smekkur

ruokalappu

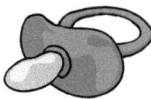

snuð

tutti

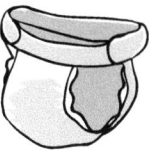

bleyja

vaippa

skrifstofa
toimisto

netþjónn
palvelin
skjalaskápur
asiakirjakaappi
pappír
paperi
prentari
tulostin
skjár
näyttö
mús
hiiri
skrifborð
kirjoituspöytä
mappa
kansio
lyklaborð
näppäimistö
ruslakarfa
roskakori
tölva
tietokone
stóll
tuoli

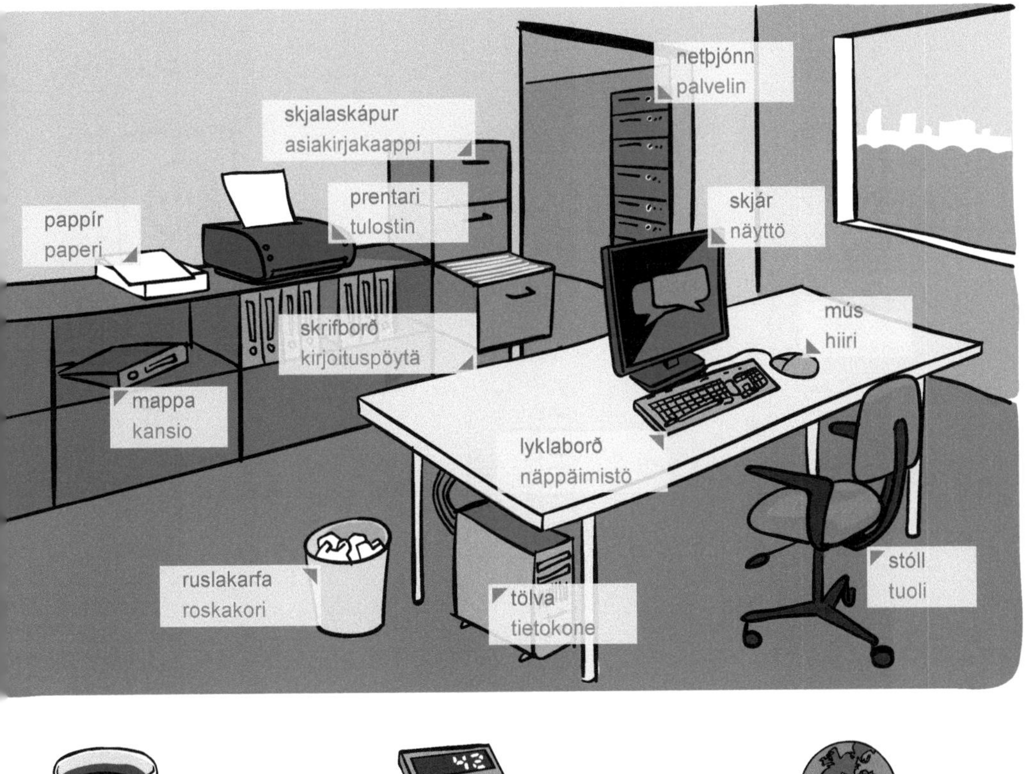

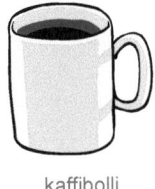

kaffibolli

kahvimuki

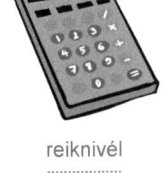

reiknivél

taskulaskin

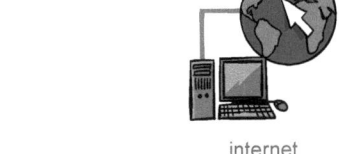

internet

internet

fartölva

kannettava tietokone

bréf

kirje

skilaboð

viesti

farsími

kännykkä

net

verkko

ljósritunarvél

kopiokone

hugbúnaður

ohjelmisto

sími

puhelin

innstunga

pistorasia

faxtæki

faksi

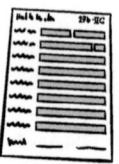

eyðublað

lomake

skjal

asiakirja

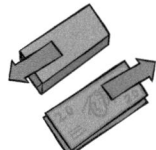

kaupa

ostaa

borga

maksaa

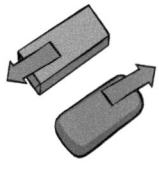

versla

vaihtaa

peningar

raha

dollari

dollari

evra

euro

jen

jeni

rúbla

rupla

svissneskur franki

frangi

renminbi yuan

renminbi juan

rúpíur

rupia

hraðbanki

pankkiautomaatti

gjaldeyrisskipti

rahanvaihto

gull

kulta

silfur

hopea

olía

öljy

orka

energia

verð

hinta

samningur

sopimus

skattur

vero

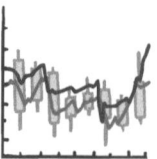

hlutabréf

osake

vinna

työskennellä

starfsmaður

työntekijä

vinnuveitandi

työnantaja

verksmiðja

tehdas

búð

liike

starfsgreinar
ammatit

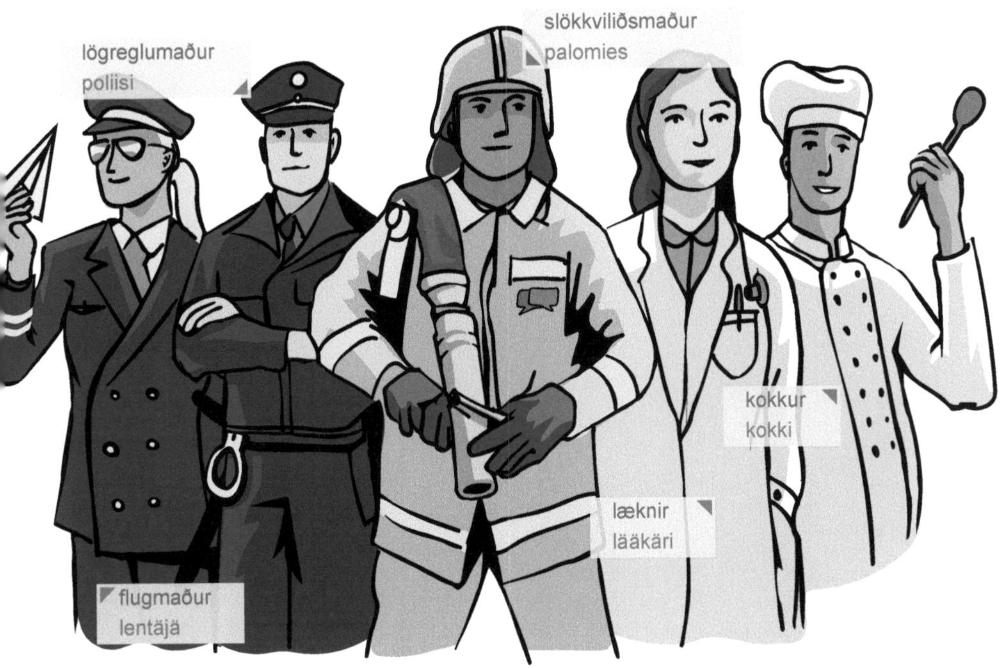
lögreglumaður
poliisi
slökkviliðsmaður
palomies
kokkur
kokki
læknir
lääkäri
flugmaður
lentäjä

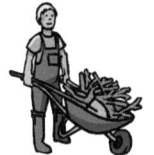

garðyrkjumaður

puutarhuri

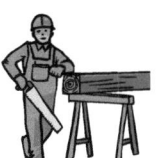

smiður

puuseppä

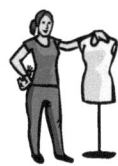

saumakona

ompelija

dómari

tuomari

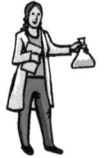

lyfjafræðingur

kemisti

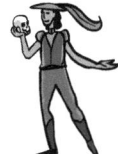

leikari

näyttelijä

strætóbílstjóri

linja-autonkuljettaja

leigubílstjóri

taksinkuljettaja

sjómaður

kalastaja

ræstitæknir

siivooja

þaksmiður

katontekijä

þjónn

tarjoilija

veiðimaður

metsästäjä

málari

maalari

bakari

leipuri

rafvirki

sähköasentaja

byggingaverkamaður

rakentaja

verkfræðingur

insinööri

slátrari

teurastaja

pípari

putkiasentaja

póstmaður

postinjakaja

hermaður

sotilas

arkitekt

arkkitehti

gjaldkeri

kassanhoitaja

blómasali

floristi

hárgreiðslumaður

kampaaja

lestarstjóri

konduktööri

vélvirki

mekaanikko

skipstjóri

kapteeni

tannlæknir

hammaslääkäri

vísindamaður

tiedemies

rabbíi

rabbi

Imam

imaami

munkur

munkki

prestur

pappi

verkfæri
työkalut

hamar
vasara
tangir
pihdit
skrúfjárn
ruuvimeisseli
skiptilykill
jakoavain
logsuðutæki
taskulamppu

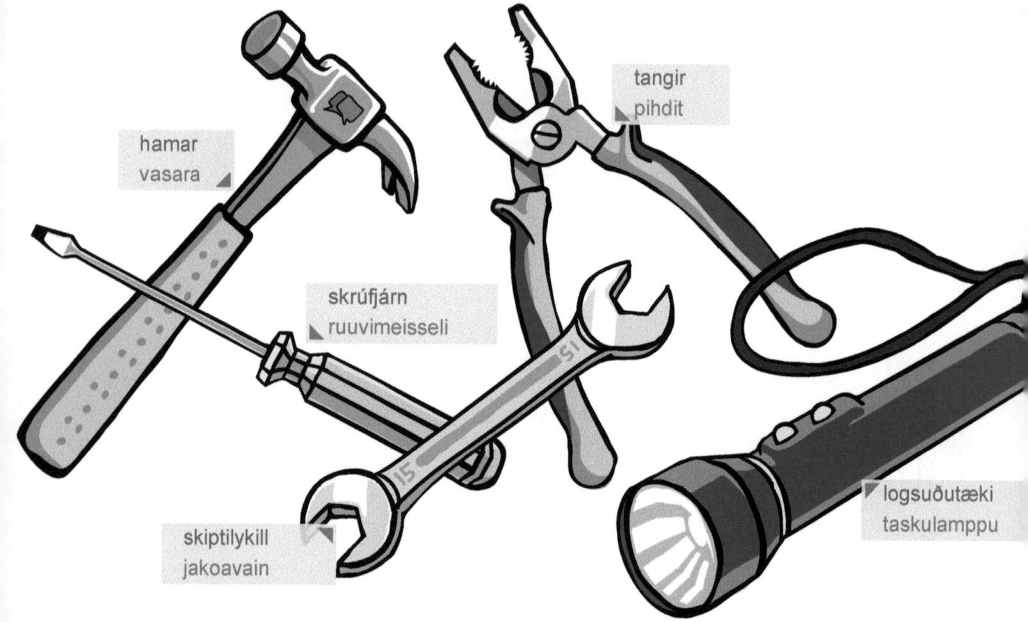

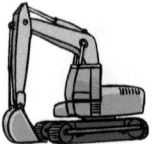

grafa

kaivinkone

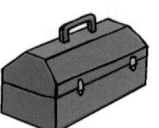

verkfærataska

työkalupakki

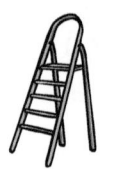

stigi

tikkaat

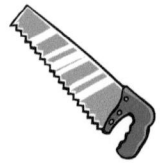

sög

saha

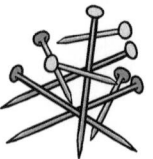

naglar

naulat

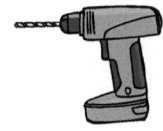

bor

pora

gera við
korjata

skófla
lapio

Fjandinn!
Hitto!

fægiskófla
rikkalapio

málningarfata
maalipurkki

skrúfur
ruuvit

hljóðfæri
soittimet

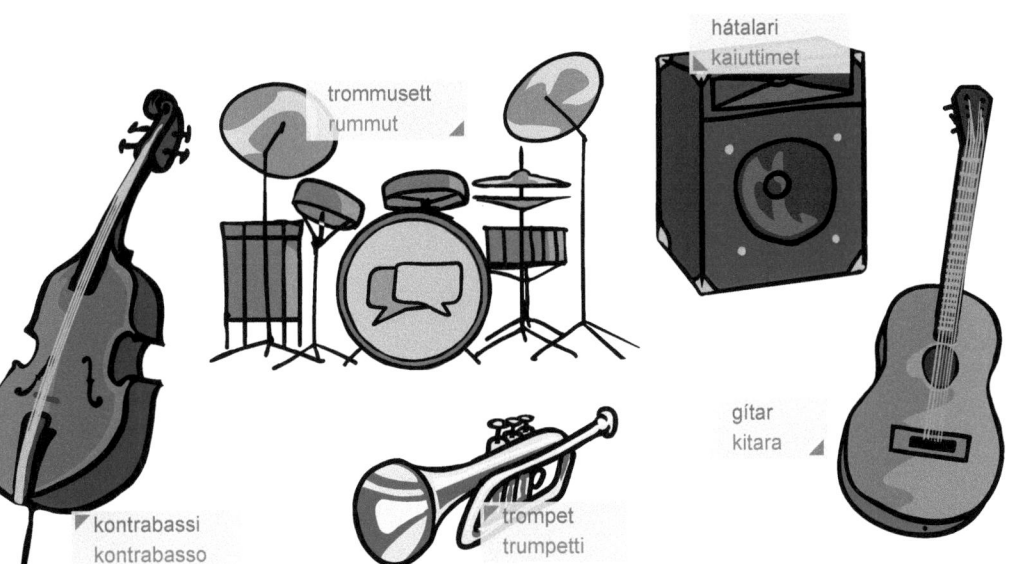

trommusett
rummut

hátalari
kaiuttimet

gítar
kitara

kontrabassi
kontrabasso

trompet
trumpetti

píanó
piano

fiðla
viulu

bassi
basso

pákur
patarummut

trommur
rumpu

hljómborð
kosketinsoitin

saxófónn
saksofoni

flauta
huilu

hljóðnemi
mikrofoni

dýragarður
eläintarha

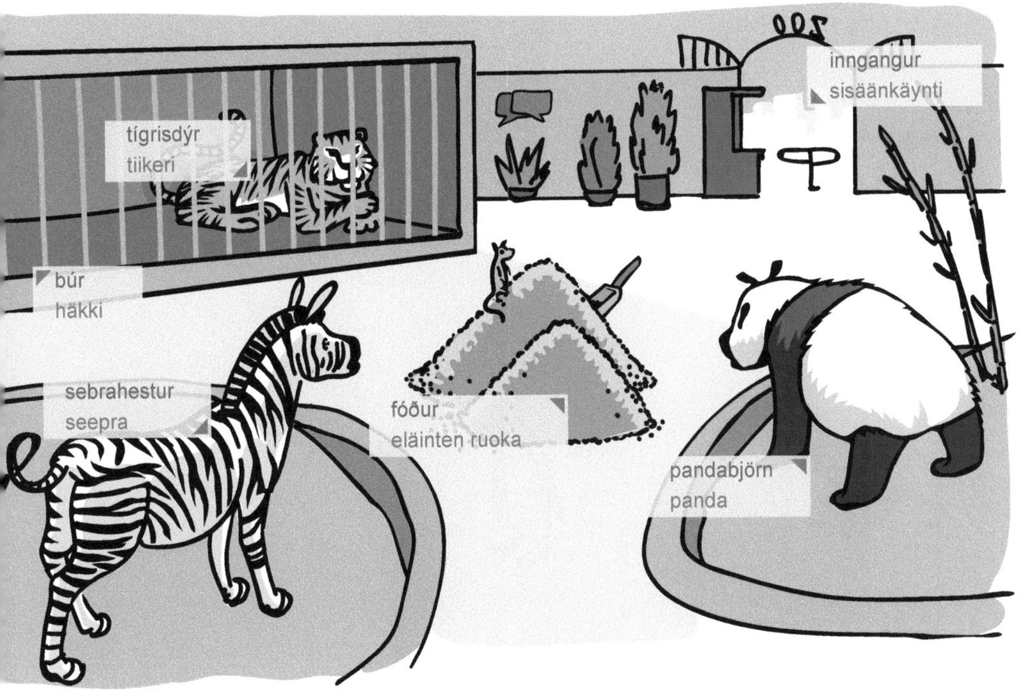
tígrisdýr
tiikeri
inngangur
sisäänkäynti
búr
häkki
sebrahestur
seepra
fóður
eläinten ruoka
pandabjörn
panda

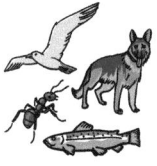

dýr

eläimet

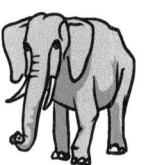

fíll

norsu

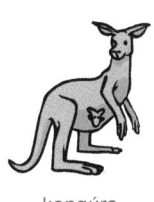

kengúra

kenguru

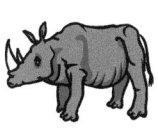

nashyrningur

sarvikuono

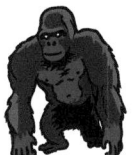

górilla

gorilla

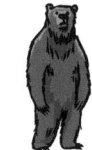

skógarbjörn

karhu

úlfaldi

kameli

strútur

strutsi

ljón

leijona

api

apina

flamingó

flamingo

páfagaukur

papukaija

ísbjörn

jääkarhu

mörgæs

pingviini

hákarl

hai

páfugl

riikinkukko

snákur

käärme

krókódíll

krokotiili

dýragarðsvörður

eläintarhanhoitaja

selur

hylje

jagúar

jaguaari

dýragarður - eläintarha

hestur
poni

hlébarði
leopardi

flóðhestur
virtahepo

gíraffi
kirahvi

örn
kotka

villisvín
villisika

fiskur
kala

skjaldbaka
kilpikonna

rostungur
mursu

refur
kettu

gasella
gaselli

Ameríkskur fótbolti
amerikkalainen jalkapallo

hjólreiðar
pyöräily

tennis
tennis

körfubolti
koripallo

sund
uinti

íshokkí
jääkiekko

hnefaleikar
nyrkkeily

fótbolti
....
jalkapallo

hnit
....
sulkapallo

frjálsar íþróttir
....
yleisurheilu

handbolti
....
käsipallo

skíði
....
hiihto

póló
....
poolo

athafnir
aktiviteetit

hoppa
hypätä
faðma
halata
hlæja
nauraa
ganga
kävellä
syngja
laulaa
dreyma
unelmoida
biðja
rukoilla
kyssa
suudella

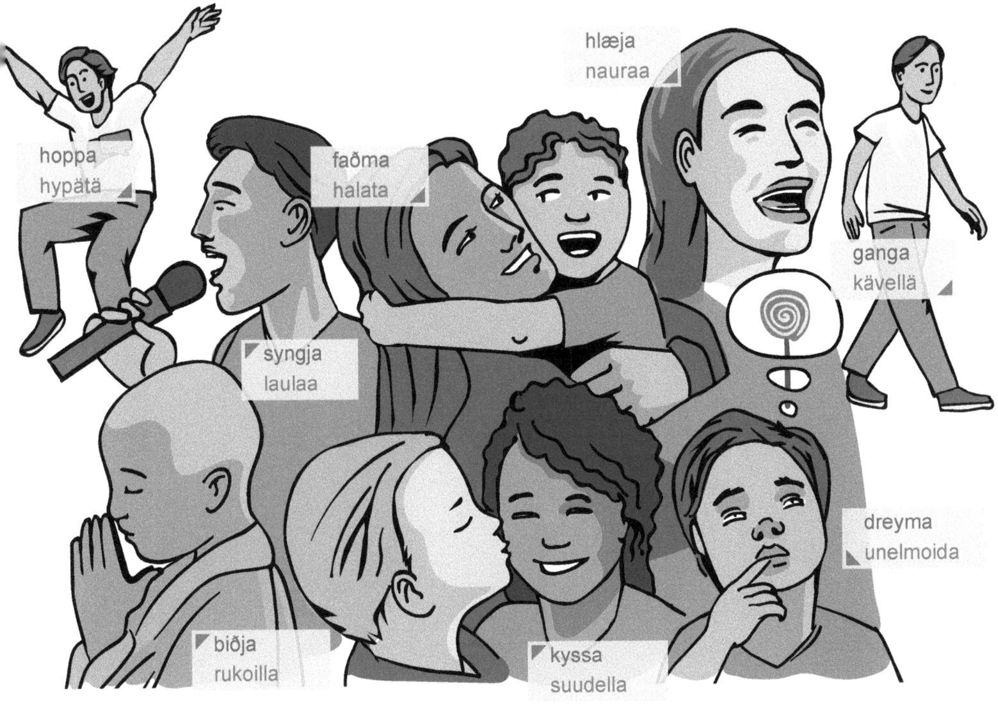

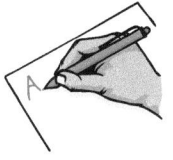

skrifa

kirjoittaa

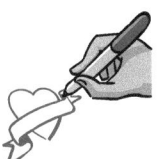

teikna

piirtää

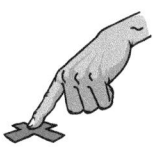

sýna

näyttää

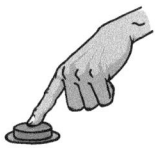

ýta

painaa

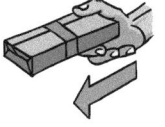

gefa

antaa

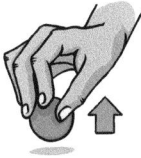

taka

ottaa

hafa
omistaa

gera
tehdä

vera
olla

standa
seisoa

hlaupa
juosta

draga
vetää

kasta
heittää

detta
kaatua

ljúga
maata

bíða
odottaa

bera
kantaa

sitja
istua

klæða sig
pukeutua

sofa
nukkua

vakna
herätä

líta á
katsoa

gráta
itkeä

strjúka
silittää

greiða
kammata

tala
puhua

skilja
ymmärtää

spyrja
kysyä

hlusta
kuunnella

drekka
juoda

borða
syödä

taka til
siivota

elska
rakastaa

elda
keittää

keyra
ajaa

fljúga
lentää

sigla

purjehtia

reikna

laskea

lesa

lukea

læra

oppia

vinna

työskennellä

giftast

mennä naimisiin

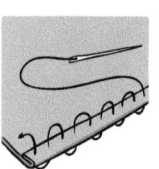

sauma

ommella

bursta tennur

pestä hampaat

drepa

tappaa

reykja

tupakoida

senda

lähettää

fjölskylda
perhe

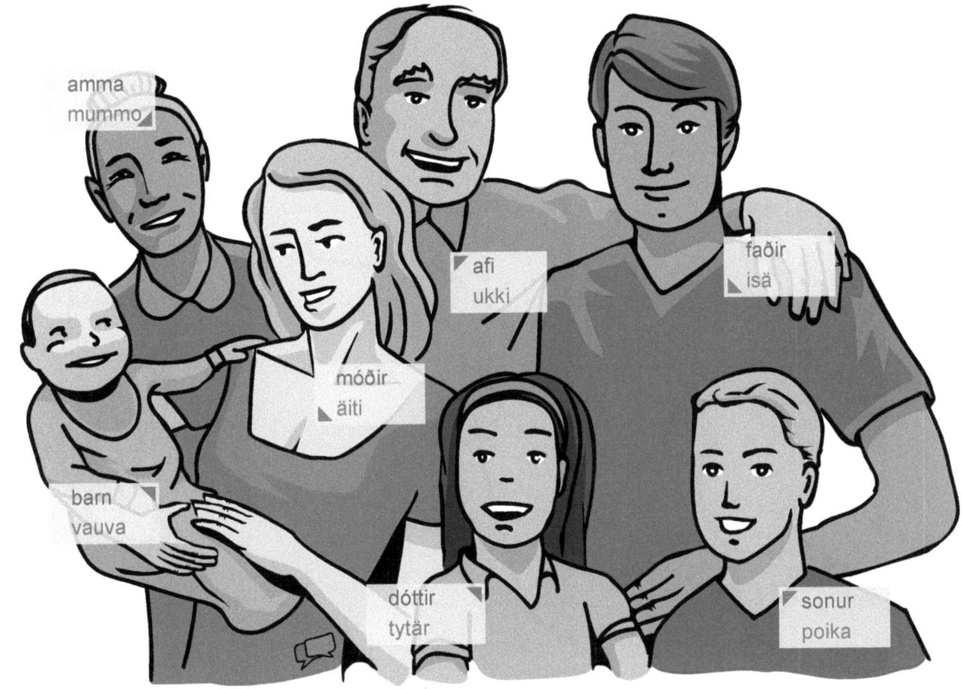
amma
mummo
afi
ukki
faðir
isä
móðir
äiti
barn
vauva
dóttir
tytär
sonur
poika

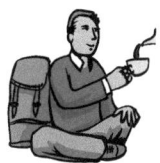

gestur
vieras

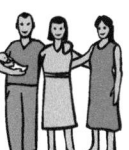

frænka
täti

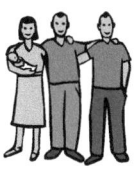

frændi
setä

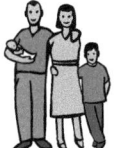

bróðir
veli

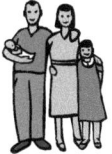

systir
sisko

líkami
vartalo

enni
otsa
auga
silmä
öxl
olkapää
fingur
sormet
andlit
kasvot
haka
leuka
hönd
käsi
fótleggur
jalka
brjóst
rinta
handleggur
käsivarsi

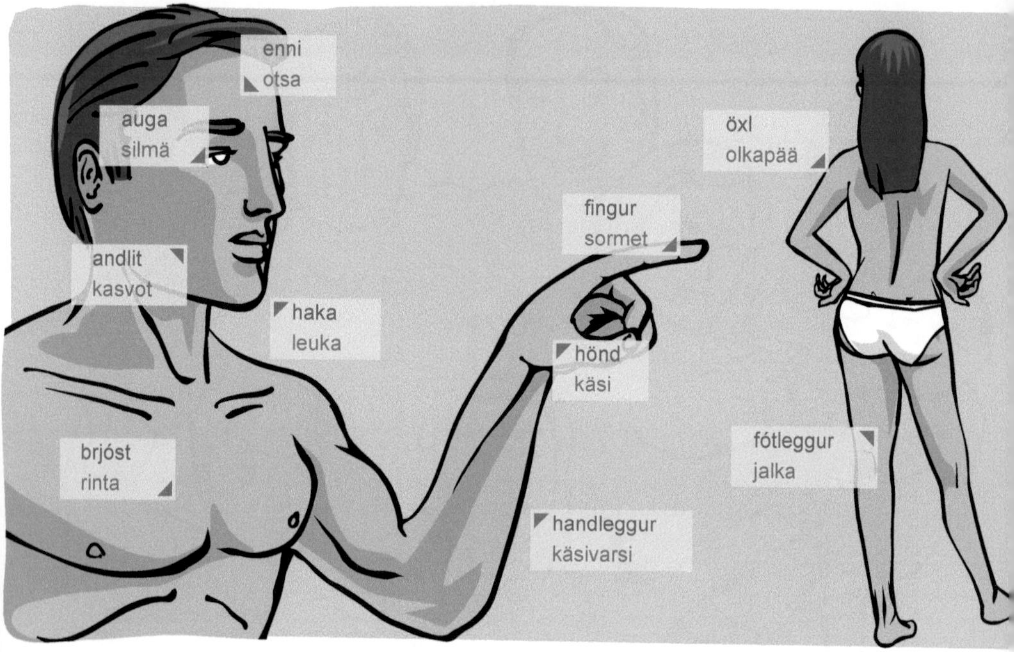

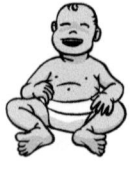

barn

vauva

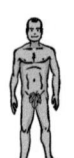

maður

mies

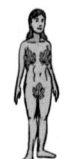

kona

nainen

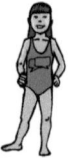

stúlka

tyttö

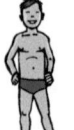

drengur

poika

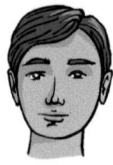

höfuð

pää

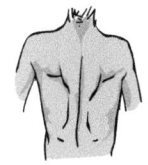

bak

selkä

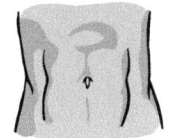

kviður

maha

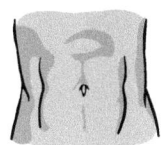

nafli

napa

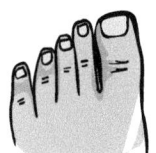

tá

varvas

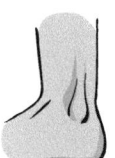

hæll

kantapää

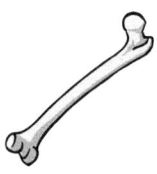

bein

luu

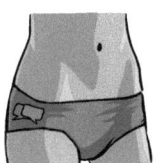

mjöðm

lantio

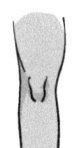

hné

polvi

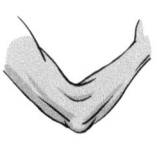

olnbogi

kyynärpää

nef

nenä

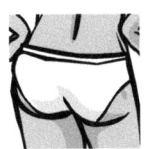

rass

takapuoli

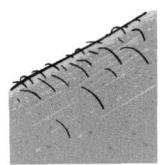

húð

iho

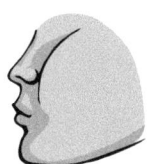

kinn

poski

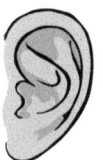

eyra

korva

vör

huuli

líkami - vartalo

69

munnur

suu

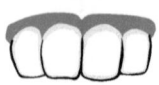

tönn

hammas

tunga

kieli

heili

aivot

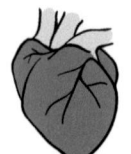

hjarta

sydän

vöðvi

lihas

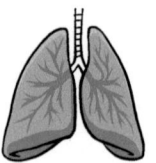

lunga

keuhkot

lifur

maksa

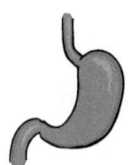

magi

vatsa

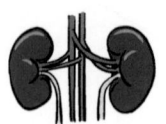

nýru

munuaiset

kynmök

seksi

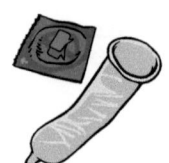

smokkur

kondomi

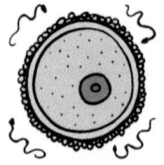

eggfruma

munasolu

sæði

sperma

ólétta

raskaus

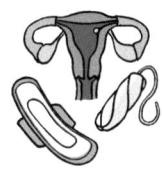

tíðir
....
kuukautiset

leggöng
....
vagina

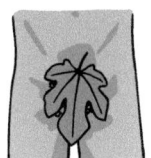

typpi
....
penis

hár
....
hiukset

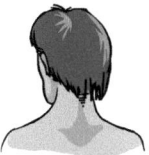

háls
....
niska

augabrún
....
kulmakarvat

sjúkrahús
sairaala

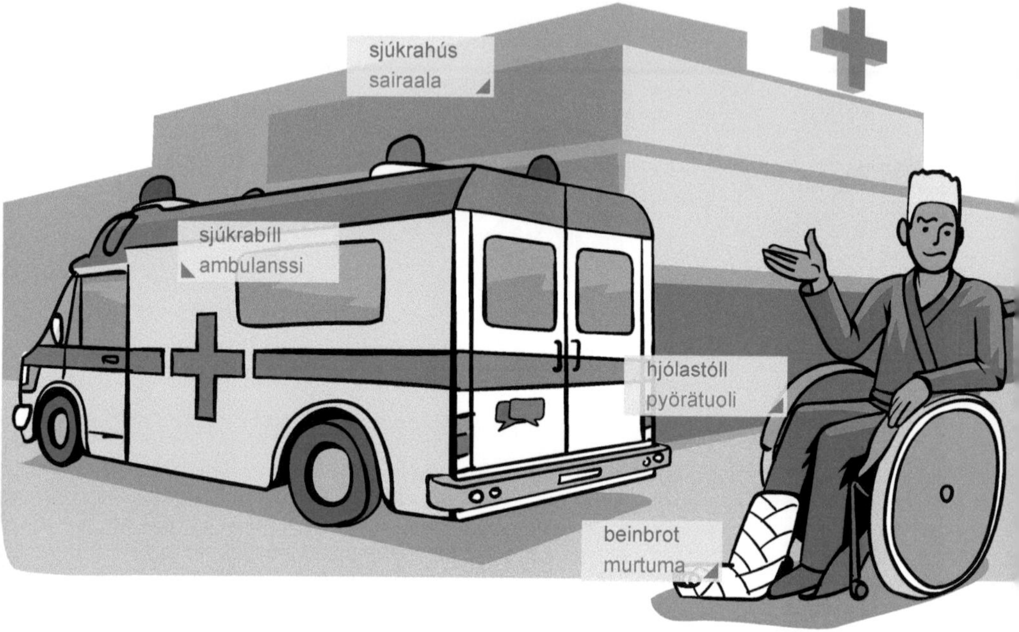

sjúkrahús
sairaala
sjúkrabíll
ambulanssi
hjólastóll
pyörätuoli
beinbrot
murtuma

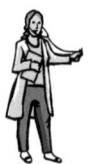

læknir

lääkäri

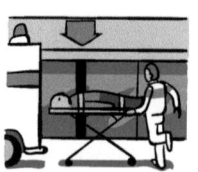

bráðamóttaka

ensiapu

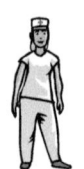

hjúkrunarfræðingur

sairaanhoitaja

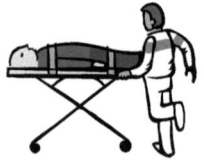

neyðartilvik

hätätilanne

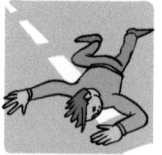

meðvitundarlaus

tajuton

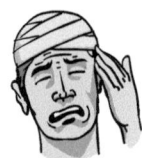

verkir

kipu

meiðsli
vamma

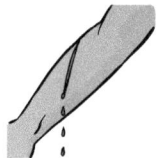

blæðing
verenvuoto

hjartaáfall
sydänkohtaus

heilablóðfall
aivoinfarkti

ofnæmi
allergia

hósti
yskä

hiti
kuume

flensa
flunssa

niðurgangur
ripuli

höfuðverkur
päänsärky

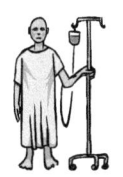

krabbamein
syöpä

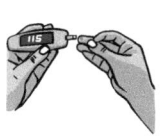

sykursýki
diabetes

skurðlæknir
kirurgi

skurðhnífur
veitsi

aðgerð
leikkaus

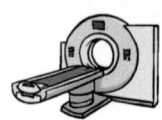

sneiðmyndataka

ct

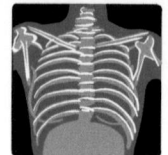

röntgengeisli

röntgen

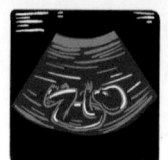

ómskoðun

ultraääni

andlitsgríma

maski

sjúkdómur

sairaus

biðstofa

odotushuone

hækja

sauva

gifs

laastari

sáraumbúðir

side

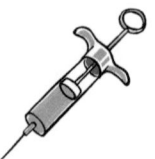

sprauta

pistos

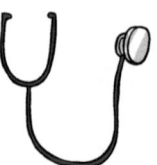

hlustunarpípa

stetoskooppi

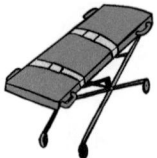

börur

paarit

líkamshitamælir

kuumemittari

fæðing

syntymä

yfirvigt

ylipaino

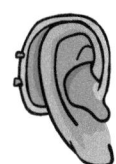

heyrnartæki

kuulolaite

sótthreinsiefni

desinfiointiaine

sýking

infektio

veira

virus

HIV / AIDS

HIV / AIDS

lyf

lääke

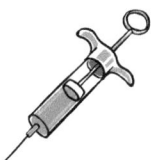

bólusetning

rokotus

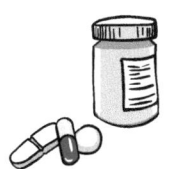

töflur

tabletit

pilla

pilleri

neyðarsímtal

hätäpuhelu

blóðþrýstingsmælir

verenpainemittari

lasinn / heilbrigður

sairas / terve

Hjálp!

Apua!

viðvörun

hälytys

líkamsárás

ryöstö

árás

hyökkäys

hætta

vaara

neyðarútgangur

hätäuloskäynti

Eldur!

Tulipalo!

slökkvitæki

palosammutin

slys

onnettomuus

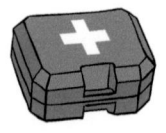

skyndihjálparbúnaður

ensiapulaukku

SOS

SOS

lögregla

poliisilaitos

Evrópa

Eurooppa

Norður-Ameríka

Pohjois-Amerikka

Suður-Ameríka

Etelä-Amerikka

Afríka

Afrikka

Asía

Aasia

Ástralía

Australia

Atlantshaf

Atlantin valtameri

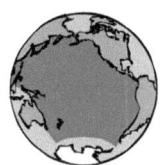

Kyrrahaf

Tyynimeri

Indlandshaf

Intian valtameri

Suður-Íshaf

Eteläinen jäämeri

Norður-Íshaf

Pohjoinen jäämeri

Norðurpóll

pohjoisnapa

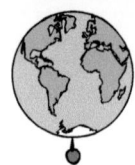

Suðurpóll

etelänapa

Suðurskautslandið

Antarktis

Jörð

maa

land

maa

sjór

meri

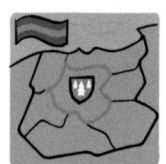

eyja

saari

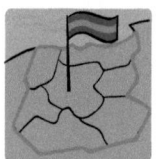

þjóð

kansa

ríki

osavaltio

klukkuskífa

kellotaulu

litli vísir

tuntiviisari

stóri vísir

minuuttiviisari

sekúnduvísir

sekuntiviisari

Hvað er klukkan?

Paljonko kello on?

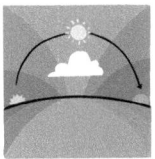

dagur

päivä

tími

aika

nú

nyt

tölvuúr

digitaalikello

mínúta

minuutti

klukkustund

tunti

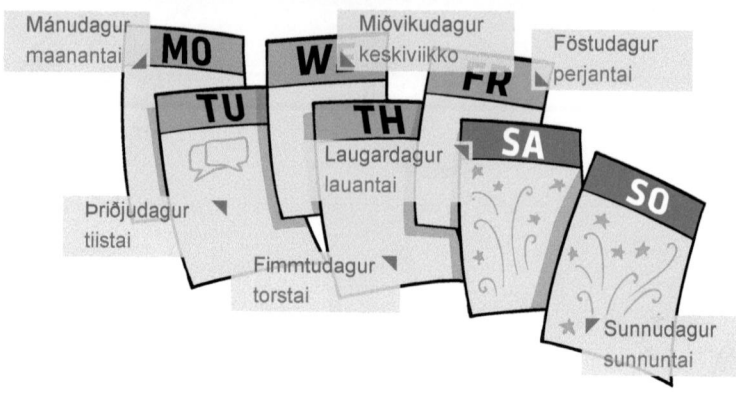

Mánudagur
maanantai

Miðvikudagur
keskiviikko

Föstudagur
perjantai

Þriðjudagur
tiistai

Laugardagur
lauantai

Fimmtudagur
torstai

Sunnudagur
sunnuntai

í gær

eilen

í dag

tänään

á morgun

huomenna

morgunn

aamu

hádegi

keskipäivä

kvöld

ilta

MO	TU	WE	TH	FR	SA	SU
1	2	3	4	5	6	7
8	9	10	11	12	13	14
15	16	17	18	19	20	21
22	23	24	25	26	27	28
29	30	31	1	2	3	4

virkir dagar

työpäivät

MO	TU	WE	TH	FR	SA	SU
1	2	3	4	5	6	7
8	9	10	11	12	13	14
15	16	17	18	19	20	21
22	23	24	25	26	27	28
29	30	31	1	2	3	4

helgi

viikonloppu

ár
vuosi

rigning
sade
regnbogi
sateenkaari
snjór
lumi
vindur
tuuli
vor
kevät
haust
syksy
sumar
kesä
vetur
talvi

4.APRIL 11°
5.APRIL 4°
6.APRIL 13°
7.APRIL 8°
8.APRIL 10°

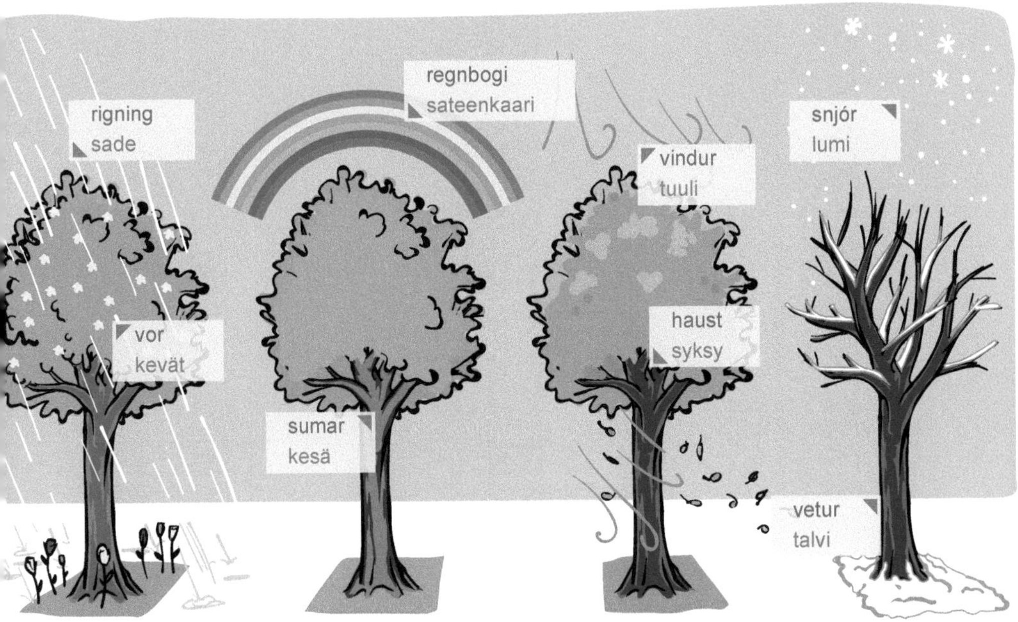

veðurspá

sääennuste

F C
120 90 60 30 0 -30
40 30 20 10 0 -10 -20

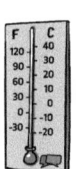

hitamælir

lämpömittari

sólskin

auringonpaiste

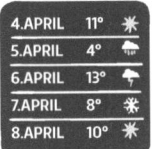

ský

pilvi

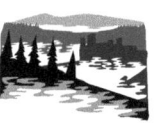

þoka

sumu

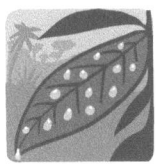

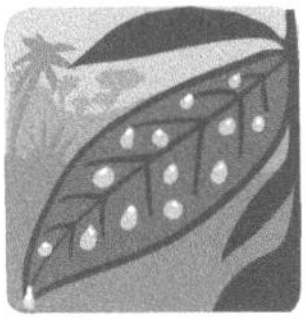

raki

ilmankosteus

eldingar

salama

þrumuveður

ukkonen

stormur

myrsky

haglél

rae

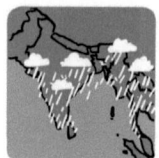

monsún

monsuuni

flóð

tulva

ís

jää

Janúar

tammikuu

Febrúar

helmikuu

Mars

maaliskuu

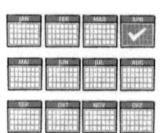

Apríl

huhtikuu

Maí

toukokuu

Júní

kesäkuu

Júlí

heinäkuu

Ágúst

elokuu

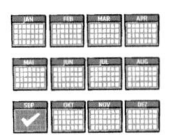

September
....
syyskuu

Október
....
lokakuu

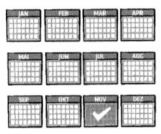

Nóvember
....
marraskuu

Desember
....
joulukuu

form

muodot

hringur
....
ympyrä

ferningur
....
neliö

rétthyrningur
....
suorakulmio

þríhyrningur
....
kolmio

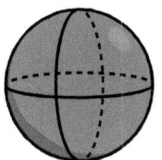

kúla
....
pallo

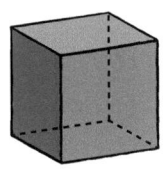

teningur
....
kuutio

hvítur

valkoinen

gulur

keltainen

appelsínugulur

oranssi

bleikur

vaaleanpunainen

rauður

punainen

fjólublár

violetti

blár

sininen

grænn

vihreä

brúnn

ruskea

grár

harmaa

svartur

musta

mikið / lítið
....
paljon / vähän

reiður / rólegur
....
vihainen / ystävällinen

fallegur / ljótur
....
kaunis / ruma

upphaf / endir
....
alku / loppu

stór / lítill
....
suuri / pieni

bjartur / dimmur
....
vaalea / tumma

bróðir / systir
....
veli / sisko

hreinn / óhreinn
....
puhdas / likainen

heill / ófullnægjandi
....
täydellinen / epätäydellinen

dagur / nótt
....
päivä / yö

dauður / lifandi
....
kuollut / elävä

breiður / mjór
....
leveä / kapea

ætur / óætur

syötävä / syömäkelvoton

vondur / góður

paha / kiltti

spenntur / leiður

innostunut / tylsistynyt

feitur / mjór

lihava / laiha

fyrstur / síðastur

ensimmäinen / viimeinen

vinur / óvinur

ystävä / vihollinen

fullur / tómur

täysi / tyhjä

harður / mjúkur

kova / pehmeä

þungur / léttur

painava / kevyt

svangur / þyrstur

nälkä / jano

lasinn / heilbrigður

sairas / terve

ólöglegur / löglegur

laiton / laillinen

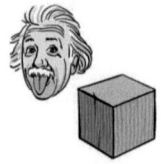

greindur / heimskur

älykäs / tyhmä

vinstri / hægri

vasen / oikea

nálægur / fjarlægur

lähellä / kaukana

nýr / notaður
....
uusi / käytetty

ekkert / eitthvað
....
ei mitään / jotain

gamall / ungur
....
vanha / nuori

kveikt / slökkt
....
päällä / pois päältä

opna / loka
....
auki / kiinni

Lágvær / hávær
....
hiljainen / äänekäs

ríkur / fátækur
....
rikas / köyhä

rétt / rangt
....
oikein / väärin

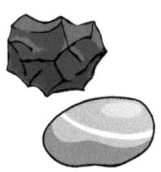

grófur / sléttur
....
karhea / sileä

orgbitinn / hamingjusamur
....
surullinen / iloinen

stutt / lengi
....
lyhyt / pitkä

hægt / hratt
....
hidas / nopea

blautur / þurr
....
märkä / kuiva

heitur / kaldur
....
lämmin / viileä

stríð / friður
....
sota / rauha

0	**1**	**2**
núll	einn	tveir
nolla	yksi	kaksi

3	**4**	**5**
þrír	fjórir	fimm
kolme	neljä	viisi

6	**7**	**8**
sex	sjö	átta
kuusi	seitsemän	kahdeksan

9	**10**	**11**
níu	tíu	ellefu
yhdeksän	kymmenen	yksitoista

12

tólf

kaksitoista

13

þrettán

kolmetoista

14

fjórtán

neljätoista

15

fimmtán

viisitoista

16

sextán

kuusitoista

17

sautján

seitsemäntoista

18

átján

kahdeksantoista

19

nítján

yhdeksäntoista

20

tuttugu

kaksikymmentä

100

hundrað

sata

1.000

þúsund

tuhat

1.000.000

milljón

miljoona

tölur - numerot

Enska

englanti

Amerísk enska

amerikanenglanti

Mandarin-kínverska

mandariinikiina

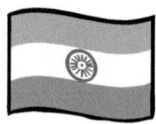

Hindí

hindi

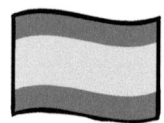

Spænska

espanja

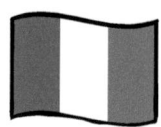

Franska

ranska

Arabíska

arabia

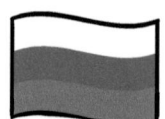

Rússneska

venäjä

Portúgalska

portugali

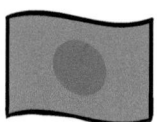

Bengali

bengali

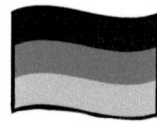

Þýska

saksa

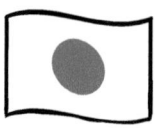

Japanska

japani

ég

minä

þú

sinä

hann / hún / það

hän

við

me

þú

te

þeir

he

hver?

kuka?

hvað?

mitä / mikä?

hvernig?

miten?

hvar?

missä?

hvenær?

milloin?

nafn

nimi

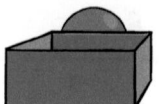

bakvið
....
takana

í
....
sisällä

fyrir framan
....
edessä

yfir
....
yläpuolella

á
....
päällä

undir
....
alapuolella

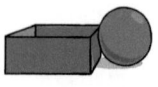

við hliðina
....
vieressä

milli
....
välissä

sæti
....
paikka